DESCRIPTION
DV BALLET
DE MADAME
SOEVR AISNEE
DV ROY.

A PARIS,

Par IEAN SARA, ruë Sainct Iean de Beauuais,
vis à vis des Escholes de Decret.

M. DC. XV.

AVEC PRIVILEGE DV ROY.

DESCRIPTION
DV BALLET DE MADAME
SOEVR AISNEE DV ROY.

A couſtume inueteree entre les Princes de la Chreſtienté d'accompagner les Iours gras de quelques reſioüiſſances publiques, & d'obliger leurs peuples par des diuertiſſemens agreables, ſ'eſtant par bon heur rencontree auec les contentemens que le Roy receuoit de l'heureuſe entree de ſa majorité, de la reünion de ſes Princes, & de la paiſible & quaſi ineſperee tranquillité que les Eſtats generaux ont confirmee à tout l'Eſtat par l'admirable conduitte de la Royne mere du Roy ; Et ſ'il faut encore adiouſter quelque choſe à ces raiſons, vn reſſentimét maternel n'ayant peu permettre à la Royne, que Madame ſortiſt de France pour accomplir les alliances promiſes, qu'elle ne luy donnaſt quelque ſignalé contentement auant ſon depart, & à tous les François enſemble, quelque obligation particuliere en la veüe de ceſte Princeſſe: Tout cela ioint enſemble fit que leurs Majeſtez prirent reſolution de faire danſer vn ballet à madite Dame, dont la ſomptuoſité accompagnant les inuentions non ſeulement ſurpaſſaſt ce qui ſ'eſtoit faict par le paſſé en ſemblables effects, mais oſtaſt encore à l'aduenir l'eſperance de rien faire de meſme. Pour paruenir à ce deſſein, leurs Majeſtez enuoyerent querir ceux en qui la reputation faiſoit le plus croire de ſuffiſance ; auſquels elles commanderent differemment de trouuer quelque subject digne de leur choix & de la grandeur des personnes qui s'en vouloient seruir. Apres plusieurs comparaisons des vns aux autres, & ne sçachant quasi auquel s'arrester pour la beauté de tous; en fin la Royne se resolut de prendre celuy que proposoit le sieur Durand Controlleur prouincial des guerres, comme le plus haut, moins embroüillé, & se rapportant le plus à la condition & qualité de Madame, qu'il faisoit estre vne Minerue, & tout le ballet, vn triomphe qu'elle faisoit d'auoir captiué le Prince d'Espagne, à qui elle estoit promise par les accords passez entre les deux Roys: Sa Majesté, dis-je, enuoya querir le seigneur Francine ingenieur ordinaire du Roy, & superintendant de ses fontaines, pour auoir son aduis sur les machines proposees, comme estant celuy à qui toute la France doibt ceder ceste gloire de sçauoir mieux inuenter & parfaire telles choses, qu'autre personne qu'elle nourrisse. Ledit Francine trouua vne si grande facilité à executer ce que ledit Durand proposoit, que laissant toute autre resolution à part, sa Majesté commanda à tous deux de communiquer ensemble, d'embellir encore s'il se pouuoit le subject proposé, & de faire d'vn accord que toute l'action reüssist à la gloire de la France & au contentement de leurs Majestez. Durand prit la charge de tout ce qui regardoit les personnes & les danses seruant au ballet, & Francine de toutes les machines & mouuemens necessaires. Et parce que la quantité des vers qu'il falloit au ballet, & le peu de temps qui se pouuoit donner à leur composition, sembloit ne pouuoir pas permettre à vn homme seul d'en venir à bout, sa Majesté enuoya querir le sieur Malherbe, comme celuy à qui les plus beaux esprits de la France deferent, pour le faire com-

muniquer

muniquer auec ledit Durand, prendre l'ordre du ballet de luy, & trauailler enfemble aux vers qu'il y faudroit reciter. Francine d'autre cofté defirant faire voir à leurs Majeftez qu'il ne promettoit rien qu'il n'executaft facilement, fit vn petit modelle de toutes les machines, reduifant la toife au pied, & luy fucceda cefte action fi heureufement, que la Royne voyant tant d'artifice & tant de gentilleffe enfemble, commença à croire que la France ne cedoit à pas vne prouince en inuention quãd fes Roys faifoient eftat des inuenteurs. C'eft en la veüe de ce modelle que fa Majefté confirma la volonté qu'elle auoit prife:& dés ce temps là, commanda aufdits Francine & Durand de n'oublier & n'efpargner rien pour rendre le ballet auffi magnifique qu'il eftoit promis. De ce temps encore fut commécé à trauailler iufques à ce qu'il fuft reprefenté le Ieudy 19. iour de Mars 1615. en la grande falle de Bourbon felon l'ordre qui fuit.

Ladite falle eft de dix-huiét toifes de longueur fur huiét de largeur : au haut bout de laquelle il y a encore vn demy rõd de fept toifes de profond fur huiét toifes & demie de large, le tout en voute femee de fleurs de lys. Le pourtour de ladite falle eft orné de colonnes auecques leurs bafes, chapiteaux, architraues, frizes & corniches d'ordre Dorique,& entre icelles corniches des arcades & niches: ladite corniche eft fouftenuë de confoles portans vn Coridor tournoyant au pourtour de ladite falle, au deffus duquel y a encore vn autre Coridor porté fur encorbellemens. En tout le pourtour de ladite falle y auoit douze cens flambeaux de cire blanche portez par confolles & bras d'argent, qui rendoient vne telle clairté dans ladite falle que ceux qui y eftoient entrez dés le iour pour voir le ballet, croyoient qu'il ne fuft point

encore finy, bien qu'ils euſſent quaſi paſſé la nuict en-
tiere. Et ſur le parterre de ladite ſalle y auoit des tapys de
Turquie, ſur leſquels le Ballet fut dancé : & de ceſte ſorte
il ne ſe voyoit dans ladite ſalle que riches peintures, ſcul-
ptures ou tapiſſeries.

En l'vn des bouts de ladite ſalle directement oppoſee
au daiz de leurs Maieſtez, eſtoit eſleué vn grand theatre
de ſix pieds de haulteur, de huict thoiſes de largeur, &
d'autant de profondeur : en bas eſtoit vne grande nuee
qui cachoit toute la ſcene, à fin que les Spectateurs ne
viſſent rien iuſques au temps neceſſaire.

Au meſme inſtant que le Roy eſtant aſſis, euſt côman-
dé de cômencer le ballet, peu à peu cette nuee s'entrou-
urit bas par le milieu : & de l'ouuerture ſortit vne autre
nuee aſſez petite en ſortant de ladite ouuerture, mais
à meſure qu'elle s'aduançoit, elle s'agrandiſſoit en largeur & haulteur, ſans qu'on apperceuſt qui cauſoit ce
mouuement, ny qui la faiſoit aduancer dans la ſalle : &
qui plus eſt, ſi artificieuſement côpoſee qu'eſtant le plus
proche de la veuë qu'il ſe pouuoit, on ne ſçauoit encore
diſcerner de quelle matiere elle eſtoit faicte, & ſi c'eſtoit
vn vray nuage ou non qui flottaſt en ladite ſalle. Ce qui
rendoit encore la machine plus rare, eſtoit le ſieur Bailly qui eſtoit deſſus, repreſentant la nuict, veſtu d'vne lame d'argent, & noir, auec quantité d'eſtoilles d'or ſemees
ſur ſon habit, ayant des aiſles noires au dos, & vne coiffure faicte en nuage, qui ne luy permettoit de monſtrer
qu'vne bien petite partie de ſon viſage pour rendre la
feinte plus agreable. La reputation dudit ſieur Bailly
eſtant plus grande que les loüanges que les eſcrits luy
peuuent donner, c'eſt aſſez de dire, que tous les iours il
cauſe des eſtonnemens nouueaux à ceux qui l'enten-

dent, & qu'il le fit particulierement ce iour-là, chantant les vers qui s'ensuyuent deuant leurs Maiestez, addressez à la Royne, & faicts par ledit sieur Durand.

QV'AY-IE *faict contre vos beautez,*
Grand Soleil, qui de tous costez
Me voulez rendre vagabonde,
Pour vous opposer à mon cours,
Et pour empescher que le monde
Ne soulage par moy les trauaux de ses iours?
Aux endroits où vous paroissez,
Mes ombrages sont dispersez,
Et vos beautez me font la guerre :
Comme si leurs charmes vainqueurs
Me vouloient chasser de la terre,
Ainsi qu'ils ont banny la liberté des cœurs.
Pour le moins puisque i'ay laissé
Les lieux où vous auez passé,
Ne poursuiuez plus ma defaicte :
Et me laissez en liberté
Rechercher vne autre retraicte
Chez ceux qui loing de vous sont des-ja sans clairté.
Mais en vain pensé-je arrester
Soubs l'espoir de rien profiter,
De ma plainte ou de ma priere :
Car vostre beauté qui me luit,
Changeant mes ombres en lumiere,
Me fait perdre moy-mesme & cesser d'estre Nuict.

Ce recit estant acheué, le nuage se perdit insensiblement dans le lieu dont il estoit sorty ; & lors la premiere nuee estant disparuë la scene apparut en rochers, recouuerts d'arbrisseaux, mousse, animaux rampans, fleurs, & ruisseaux coulás des croupes en bas, les heurts esclattans d'or & d'argent. Lesdits rochers auoient chacun quatre thoises de haulteur au moins, & l'artifice y estoit tel, que les yeux plus recognoissans y estoient trompez.

Pour descendre de ladite scene dans la grande salle y auoit deux descentes desdits rochers renfoncees par dessous de trois grottes, desquelles sortoient la plus part des entrees, & dont les bords estoient recouuerts de semblables choses que les rochers cy-dessus. Dedans chacun desdits rochers & grottes y auoit quantité de feux non veuz des Spectateurs qui faisoient voir les heurts & sallies desdits rochers si claires que lon doutoit s'ils estoiét veuz de iour ou de nuict.

D'entre lesdits rochers sortirent neuf petits enfans, representans les Ardents ou vapeurs nocturnes qui se voyent quelquesfois dans les champs au milieu de la nuict: chacun desdits enfans portoit quatre gros feux dessus la teste, deux grands flambeaux aux mains qui brusloient dés la poignee: de sorte que ledit feu estoit bien deux pieds de hault, sans pourtant qu'il iettast aucune estincelle, & sans qu'il incommodast aucunement ceux qui le portoient: leur habit estoit de satin rouge, recouuert de flamme d'or, & de quantité de clinquans d'or à l'amortissement des lambrequins. Les pots où estoient lesdits feux estoient dorez, & tandis qu'ils dansoient, il sembloit que ce ne fust pas des enfans, mais des feux seulemént qui changeassent de diuerses places. Ces enfans, ou plustost ces Ardents se retirerent dás les deux antres qui estoient au dessous de la scene; & lors du milieu de ladite scene s'esleue vn grand rocher, sans que lon s'apperceust qui l'esleuast. Ce rocher estant sorti comme saillant de la terre estoit de deux thoises de haulteur, & plus, sur lequel estoient lés dix Sibylles, qui toutes assem-
blees

blees pour predire les felicitez du mariage futur venoiét trouuer leur Maiestez par le commandement des Dieux.

Ces Sibylles estans descenduës dudit rocher, & de la dite scene dansoient vn grand Ballet deuant leurs Majestez. Leur coiffure estoit vne perruque de cheueux retressee d'vne couronne de laurier esleuee en pyramide auec d'autres cheueux, gazes, brillants, & miroüers pour representer la clairté qu'elles auoient dans les choses futures. Leur habit estoit vne robbe à l'antique de satin, couuerte de clinquant d'or auec ornemens de lambrequins, câpanes, & autres enrichissemés aussi bigearres & agreables qu'ils estoient de grande valeur. A la fin de leur Ballet, elles iettoient en l'air des roulleaux d'imprimerie où estoient les vers qui suyuent, faicts par le sieur Bordier.

LES SIBYLLES.
AV ROY.

G RAND ROY, *l'image des bons Roys,*
   Voicy la Bande nompareille,
   De qui la prophetique voix
   Te va descouurir la merueille,
Des secrets que le ciel propice aux fleurs de Lis,
Au sein de l'aduenir tenoit enseuelis.

   Neuf mois ne seront à leur fin,
   Que l'ordre de ta destinée
   Ne donne à la France vn Daufin,
   Du iour qu'vn fatal Hymenée
Viendra pompeusement à ce prochain Auril,
Accompagner au Louure vn Ange de Madril.

Venus parée à ce beau iour,
Ne t'aura point à mains décloses
Dans la lice d'vn chaste Amour
Couronné de myrte & de roses,
Que ton front amoureux des couronnes de Mars,
N'entre dans la carriere où pleuuent les hazars.

LOVYS, c'est là que pour la Foy
Ton courage armé du tonnerre,
Qui iamais auec plus d'effroy
Punit les crimes de la terre,
Iusques dans le Serrail vn monstre poursuiuant
Fera mordre la poudre à l'orgueil du Leuant.

Ce tonnerre courant par tout
Rendra la puissance flestrie
Du grand Démon qui tient debout
L'Empire de l'idolatrie,
Qui forcené de voir ses Estats dans tes fers,
S'ira precipiter au plus creux des Enfers.

L'espoir dont il est appuyé,
C'est vne vaine flatterie,
Que ton dessein sera noyé
Par les pleurs d'ANNE & de MARIE,
Qui pour le diuertir te viendront à tous coups
Coniurer par les noms & de Fils & d'Espoux.

Mais ton honneur leur est si cher,
Que leur Daufin par son bas âge
Aura peine à les empescher
De te suiure en ce long voyage,
Par qui tu doibs vn iour sous ton sceptre enfermer
L'Empire de la Terre & celuy de la Mer.

Des-ja pour vn premier effect,
L'Afrique t'attend à l'entrée
D'vn pont que l'Espagne te faict,
Pour aller fondre en sa contrée:
Et te sçachant issu d'vn Roy si triomphant,
Veult par le bruict du Pere obeir à l'Enfant.

Pour la ruine du Turban
Le desespoir sort de l'Auerne,
La peur assault le mont Liban,
Et morne dedans sa cauerne
L'Eufrate se dispose à voir par ta Valeur
Ses bords changer de maistre, & ses eaux de couleur.

En fin cet appuy des François
Ta Mere par qui tu respires,
Aura l'heur de voir soubs tes Loix
Assujettir tous les Empires,
Horsmis ceux dont à part se rendront possesseurs,
Et le bras de ton Frere, & les yeux de tes Sœurs.

LES SIBYLLES.

A LA ROYNE.

GRAND Chef-d'œuure des Cieux, merueille d'Hetrurie,
Cher Astre des François, ô diuine MARIE,
Dont la gloire nous force à te faire la Cour:
Quel heur te promettront nos fideles Oracles,
Qui soit vn iuste prix du moindre des miracles,
Que ton Regne adorable enfante chaque iour?

ROYNE, dont les efforts contre toute esperance
Ont releué Iuliers, & soustenu la France,
Tu ioins si bien le Loouure auec l'Escurial,
Qu'apres tant de hauts faicts & de paix & de guerre,
Qui font voir à tes pieds tous les Roys de la terre,
C'est peu de t'esleuer vn trosne Imperial.

N'accuse toutesfois la Puissance supréme,
Qui t'a mis sur le front vn double Diadéme,
D'auoir estroittement resserré ton pouuoir :
Il n'est dessoubs les Cieux ny sceptre ny couronne,
Qui par les appareils d'Amour & de Bellonne,
Sur tes cinq Heritiers ne soit preste à pleuuoir.

LOVYS, dont les vertus portent de claires marques
Qu'il est le premier fils du premier des Monarques,
Prise tant les lauriers acquis dans les hazars,
Qu'Hymen l'ayant paré de sa palme Nopciere,
Mars luy fera couurir d'eternelle poussiere
L'orgueil des Ottomans, & le nom des Cesars.

O ROY des fleurs de Lis, miracle de cet âge,
L'angelique Beauté qui luit aux bords du Tage,
Te fait d'impatience & d'amour desseicher :
Mais ta grandeur estant à nulle autre seconde,
Croy qu'elle t'est acquise, & que ton lict est l'onde,
Où ce diuin Soleil doit bien tost se coucher.

Les Hespagnes qui d'ANNE empruntent leur lumiere,
Ne verront point deschoir leur splendeur coustumiere,
Bien qu'elle esclaire en France à ce prochain Auril :
Car de peur que la nuict de ses ombres les couure,
Le Ciel veut qu'en eschange vn bel Astre du Loouure
Estalle ses rayons dans le Ciel de Madril.

De

De ces coupples diuins la semence feconde,
Par vn progrés fatal peuplera tout le Monde
De Princes dont le front voisinera les Cieux:
Si bien qu'en chaque temple on verra ton Image
Receuoir, Grande REYNE, vn legitime hommage,
Tel qui se rend au Ciel à la Mere des Dieux.

Lesdites Sibylles n'eurent point si tost dansé leur Ballet, que ledit rocher rentra au lieu dont il estoit sorti, & elles aussi se retirerent dans les antres qui estoient sous ladite scene.

Aussi tost que lesdites Sibylles furent retirées, toute la scene se chágea: & lors parut vne gráde forest alignée en perspectiue, dont les arbres chargez de leurs fruicts dónoient vn si grand plaisir, qu'ils faisoient quasi oublier l'estonnement d'auoir veu vn changement si prompt, sans en auoir cogneu la cause, & sans voir rien de reste du premier obiect que la merueille de l'auoir perdu.

Au dessus desdits bois, parut au mesme temps vne grande nuee reculee de toutes machines, & portee en l'air, sans que lon veist qui la soustenoit: dans le milieu de laquelle estoit l'Aurore vestue de lame d'argent recouuerte de fleurs d'or & de soye, & si forte esclarante à cause des flambeaux voisins qu'elle n'auoit rien de dissemblable à l'Aurore iournaliere que d'estre plus proché de la veue. Ceste Aurore semoit des fleurs sur la scene, & estoit suyuie d'vn grand chariot flamboyant, & doré, auec les roues tournátes d'vn mouuement esgal & continuel, dans lequel estoit le sieur Robert, qui trauersant toute la scene en representant le Soleil, chantoit les vers qui suyuent, faicts par ledit Durand.

A La fin ie voy les beaux yeux
Qui iufqu'à nous viennent faire la guerre,
Et cognois que la terre
Poffede fon Soleil auffi bien que les Cieux.

Depuis les Empires flottans
Où tout laffé ma carriere i'acheue,
Iufques où ie me leue,
Le feul nom de MARIE eft la voix que i'entens.

Mais bien qu'au langage de tous
Rien ne fe puiffe égaller à fa gloire,
Ie fuis forcé de croire,
Que tout le monde en eft ignorant ou ialoux.

Car en approchant de fa Cour,
Ie ne fçay plus fi ma flamme feconde
Donne le iour au monde,
Ou fi fa beauté feule eft caufe de mon iour.

Mes feux, cachez-vous auiourd'huy :
Plus vous voulez à fon œil apparoiftre,
Plus vous faictes cognoiftre
De combien les Deftins m'ont fait moindre que luy.

Icy commence le triomphe de Minerue, qui comme dit eft, eftoit le fubiect du Ballet. Car du milieu de ces bois fortit vne fille veftuë à l'antique Africaine, ayant vn luc à la main : Cefte fille reprefentoit l'vne des Machlyennes, ou Aufes, nation autresfois habitante au long du marais de Triton, où tous les Poëtes demeurent d'accord que Minerue eft premierement apparuë, & que mefme elle a efté nourrie par les filles dudit marais. Cefte fille donc chantoit deuant fes compagnes les vers qui fuyuent, encore faicts par ledit fieur Durand.

ALLONS, n'attendons plus , mettons-nous au seruage
    D'vn Monarque si doux,
De peur que l'Vniuers ne prenne l'auantage
De venir adorer sa Valeur deuant nous.

Puissant ROY, nous quittons le marais Tritonique:
    Car Minerue en naissant
Nous promit de sortir des deserts de l'Afrique,
Lors que vous seriez prest d'en chasser le Croissant.

Elle n'y paroist plus, & des-ja la victoire
    Dans les champs Ausiens
Esleuant des autels sacrez à vostre gloire
Fait craindre à l'Otoman la deffaicte des siens.

Et puis l'Iberien qui borne nos riuages
    Estant ioint à vos Loix,
C'est asseurer qu'il faut reduire en deux partages,
Ce que les premiers Dieux diuiserent en trois.

Sachant doncques, Grand ROY, qu'aux endroits où vous estes,
    Se trouue la bonté,
Et qu'il nous faut tousiours deuenir vos sujettes,
Nous deuançons l'effort par nostre volonté.

Nous venons pour trouuer le bien que nous reserue
    L'ordonnance des Cieux,
Et nous donner à vous, attendant que Minerue
Triomphe d'vn Heros qu'elle a pris par les yeux.

Bref nous venons pour voir triompher auec elle
    La Prudence d'autruy,
Et la Seine & le Tage oublier leur querelle
Pour forcer l'Vniuers à chercher leur appuy

Apres son recit elle se retira, & lors entrerent neuf autres de ses compagnes, vestues comme dit est à l'antique
Africaine, mais fort court pour ne point nuire à la dan-
se. Leur habit estoit partie satin rouge, partie de bleu
chamarré, & quasi couuert de passement d'or : elles
auoient chacune vne masse d'or à la main, & pour coiffure vne espece de bourguignote, coupee au iour, ren-
foncee de lamettes d'argent, & incarnat, & releuee en
haut d'vne touffe de plumes qui donnoient vne grande
grace à celles qui les portoient, & qui ainsi vestuës dansoient vn autre grand Ballet deuant leurs Majestez, auec
lesdites masses à la main, & representant les sacrifices que
lesdits Machlyes ou Auses faisoient annuellement à Minerue, ausquels la plus blessee sans mourir estoit conduite en triôphe par toutes les autres. Ainsi ces filles fi-
nissans leur Ballet elles se retirerent encores dans lesdits
antres au dessous de la scene : & sur ladite scene parut au
mesme temps vn berger qui estoit le sieur Marais, homme d'armes de la compagnie de Monsieur le Grand, lequel comme remenant ses troupeaux en l'estable au
couchant du Soleil sortit des bois en chantant, & alla
iusques deuant leurs Majestez tousiours recitant les vers
qui suyuent, faicts par le sieur Malherbe.

HOVLETTE de LOVYS, *Houlette de* MARIE,
Dont le fatal appuy met nostre bergerie
Hors du pouuoir des lous:
Vous placer dans les cieux en la mesme contrée
Des balances d'Astrée
Est-ce vn prix de vertu qui soit digne de vous?

Vos

Vos penibles trauaux, sans qui nos pasturages
Battus depuis cinq ans de gresles & d'orages
S'en alloyent desolez
Sont-ce pas des effets, que mesme en Arcadie,
Quoy que la Grece die,
Les plus fameux pasteurs n'ont iamais égalez ?
　　Voyons du bord de Loire, & du bord de Garonne,
Iusqu'à ce beau riuage où Tethys se couronne
De bouquets d'orangers :
A qui ne donnez-vous vne heureuse bonace,
Loin de toute menace
Et de maux intestins & de maux estrangers ?
　　Où ne voit-on la Paix comme vn roc affermie
Faire à nos Geryons detester l'infamie
De leurs actes sanglans ?
Et la belle Cerés en richesses feconde
Oster à tout le monde
La peur de retourner à l'vsage des glans ?
　　Aussi dans nos maisons, en nos places publiques,
Ce ne sont que festins, ce ne sont que musiques
De peuples réjouys :
Et, que l'astre du iour ou se leue ou se couche,
Nous n'auons en la bouche
Que le nom de MARIE & le nom de LOVYS.
　　Certes vne douleur quelques ames afflige
Qu'vn fleuron de nos Lis separé de sa tige
S'appreste à nous quitter :
Mais quoy qu'on nous figure, & qu'on nous face craindre,
Elize est-elle à plaindre
D'vn bien que tous nos vœux luy doiuent souhaitter ?
　　Le ieune Demydieu qui pour elle souspire,
De la fin du Couchant termine son empire

E

A la source du Iour :
Elle va dans ses bras prendre part à sa gloire :
Quelle malice noire
Peut sans aueuglement condamner leur amour ?
    Il est vray qu'ell' est sage, il est vray qu'ell' est belle,
Et nostre affection pour autre que pour elle
Ne peut mieux s'employer :
Aussi la nommons-nous la Pallas de cest âge :
Mais que ne dit le Tâge
De celle qu'en sa place il nous doit enuoyer ?
    Dessillez-vous les yeux, vous qui de cest eschange,
Où se prend & se baille vn Ange pour vn Ange,
Parlez profanement :
Nostre grande Bergere a Pan qui la conseille :
Seroit-ce pas merueille
Qu'vn dessein qu'ell'eust fait n'eust bon euenement ?
    C'est en l'assemblement de ces couples celestes
Que si nos maux passez ont laissé quelques restes
Ils vont du tout finir :
Mopse qui nous l'asseure a le don de predire :
Et les chesnes d'Epire
Scauent moins qu'il ne sçait les choses à venir.
    Vn siecle renaistra comblé d'heur & de ioye,
Où le nombre des ans sera la seule voye
D'arriuer au trespas :
Tout y sera sans fiel comme au temps de nos peres :
Et mesmes les viperes
Y piqueront sans nuire, ou ne piqueront pas.
    La terre en tous endroits produira toutes choses :
Tous metaux seront or, toutes fleurs seront roses,
Tous arbres oliuiers :
L'an n'aura plus d'hyuer, le Iour n'aura plus d'ombre :

Et les perles sans nombre
Germeront dans la Seine au milieu des grauiers.

Dieux qui de voz arrests formez nos destinees,
Donnez vn dernier terme à ces grans Hymenees :
C'est trop les differer.
L'Europe les demande : accordez sa requeste :
Qui verra cette feste
Pour mourir satisfaict n'aura que desirer.

A la fin de son recit sortit des mesmes bois vne musique de Musettes, tous les Musiciens vestus en bergers, &
ioüans vn air rustique ; sur lequel le sieur Marais estant
esmeu, & quittant son luct & son mouton, se meit à dan-
ser : & apres luy, vint vne autre troupe de neuf bergers,
qui ioincts auec luy danserent vn grand Ballet deuant
leurs Majestez. Leurs habits estoiét de satin blanc, recouuert de bouquets de broderie d'or, autant plein que vui-
de, & leur troupe choisie entre les meilleurs danseurs de
toute la France pour donner plus de plaisir à leurs Ma.tez.

Ce Ballet finy, la machine changea toute, & ce qui
estoit bois auparauant deuint rochers ; mais d'autre sorte
que les premiers : car ceux-cy n'aboutissoiét qu'en bran-
ches de corail, escailles, mousses noirastres, & maritimes ;
& bref representans des escueilz battus des vagues qui
sembloient flotter au fonds de la scene changée en mer,
aussi tost que le bois en rochers ; laissant vn desplaisir à
tous les Spectateurs d'estre si facilement trompez lors
qu'ils prenoient plus de garde à ne l'estre point.

Dans la mer passoit vne musique de Tritons qui son-
noit vn air sur des haut-bois, & apres eux venoit encore
en ladite mer la musique de la chambre du Roy, vestuë
en Tritonides, la teste, les espaules, & les hanches, recou-

uerte de rozeaux artificiels d'or & de soye, & le reste de l'habit de satin recouuert de clinquant d'or. Ceste musique sortoit peu à peu de ladite mer, & venoit chanter sur la scene les vers qui suyuent, aussi faicts par le Sr Durand.

C'EST *trop courir les eaux,*
Sortons de ces roseaux,
Et cherchons desormais Pallas en ces beaux lieux,
Puisque entre les Vertus on doit chercher les Dieux.

   Voicy les bois sacrez
   Tant de fois desirez,
Et ces Astres diuins brillans sur cette Cour,
Tesmoignent que nostre heur doit estre en ce sejour.

   Allons donc, approchons
   Les yeux que nous cherchons:
Tant plus nous differons d'aborder leurs beautez,
Tant plus nous tesmoignons d'ignorer leurs bontez.

   Grands Soleils des François,
   Dont les prudentes Loix
Font respirer les cœurs sous vn regne si doux,
Dittes-nous si Minerue est point aupres de vous.

   Vous auez le pouuoir
   De nous la faire voir,
Et trouuant la Valeur & la Prudence icy,
Auec grande raison nous l'y cherchons aussi.

Comme lesdits vers furent acheuez de chanter, le Ciel qui couuroit ladite scene, s'ouurit en deux, & là dedans parut la musique de la Chapelle du Roy, composee de trente musiciens, tous suspendus dans ledit Ciel, sans que l'on veit qui les soustenoit: & ceste musique auec celle de la Chambre chantoit le Dialogue qui suit, faict par ledit sieur Durand.

NYMPHES

La Cha- pelle.	**N**YMPHES *des eaux, arrestez-vous:* *Demeurez, belles Tritonides:* *Vous n'auez plus besoin de guides,* *Minerue vient auecques nous.*
La Cham- bre.	*Esprits ou Dieux, puis qu'il vous plaist* *Nous apporter cette nouuelle* *Du retour de nostre Immortelle,* *Dittes-nous en quel lieu ell' est.*
La Chap- pelle.	*Desja ses Nymphes la pressant* *Dans son Char sont toutes entrees?*
La Châb.	*Viendra-telle voir ces contrees?*
La Chap.	*C'est pour cela qu'elle descend.*
La Châb.	*Quelle est la cause de ce bien?*
La Chap.	*Vn triomphe qu'elle y veut faire.*
La Châb.	*Quel pays est son tributaire?*
La Chap.	*L'Indois auec l'Iberien.*
La Cham- bre.	*Comment a-telle en son pouuoir* *Ces lieux qui n'ont point veu ses armes?*
La Chap- pelle.	*Le Prince estant pris par les charmes,* *Les lieux cedent par le deuoir.*
La Châb.	*Amour donc a blessé son cœur.*
La Chap- pelle.	*Le Ciel a permis ceste guerre,* *Pour partager toute la terre* *Entre son Frere & son Vainqueur.*
	La voicy, ne l'attendez plus: *Commencez seulement à croire* *Qu'où l'Amour cherche la victoire,* *Tous les combats sont superflus.*

Ladite musique representoit les esprits ou demons aë-
riens qui venoient annoncer la venuë de Minerue, &

estoit vestuë d'incarnat, recouuert de flammes d'or & de
miroirs, & brillans d'or pour rendre plus d'esclat dans le
ciel, auec vne grande coiffure de bouqueterie fort esclat-
tante & de bigearre inuention pour paroistre estant es-
longnee. Ce grand corps de musique ayant quelque
temps chanté, la scene se changea de nouueau, & tant au
fonds qu'aux costez deuint toute nuee : du fonds de laquelle sortit vn grand chariot enrichi de sculptures &
mousluress d'or de plus rare artifice que l'aage ait peu pro-
duire; le dedans estoit recouuert de drap d'or brodé par
les amortissemens, enrichi de campanes & bouqueterie
necessaire; aux deux extremitez du deuant estoient deux
lances esleuees, dont chacune portoit vne sallade & vn
escu où la Gorgonne estoit mousee, & le tout doré d'or
moullu: ledit chariot traisné par deux Amours, dont l'vn
representant l'Amour chaste, n'estoit point bandé, & tenoit vn arc & vne flesche doree auec les mains libres:
& l'autre representant l'Amour voluptueux, estoit bandé, les mains liees au dos, comme captif, & tout le corps
couuert de flammes comme esteintes. Lesdits Amours
estans dedans lesdites nuees sembloient voler, & trais-
ner le chariot en volant. Dans ce chariot estoit Madame de France, & quatorze autres Dames de sa suitte,
en cet ordre : Six Damoiselles; sçauoir, Mesdamoiselles de Lomenie, de Crecia, de Verderonne, de Neufuil-
le, de Vitry Blanc, & d'Vrfé : Quatre Dames; sçauoir
Madame de Pisieux, la Comtesse de la Rochefoucault,
la Marquise de Sablé, & la Duchesse de Montmoran-
cy; Quatre Princesses: sçauoit Mesdamoiselles de Ver-
neuil, de Vendosme, de Montpensier, & de Soissons: &
Mesdames de France; sçauoir Madame Crestienne, &
Madame sœur aisnee de sa Majesté, laquelle represen-

toit ladite Minerue, & paroiſſoit ſeule à l'extremité dudit chariot, comme celle à qui tout le Ballet ſe rappor-
toit. Le chariot s'auança iuſques au dedans de ladite ſcene, où il s'arreſta, au ſon d'vne muſique de luts conduite
par le ſieur Ballart, & veſtuë en Amazones, auec cuiraſ-
ſes, muſles, caſques & bottines à l'antique : les lambrequins pendans des muſles & des amortiſſemens des cui-
raſſes de bandes d'incarnat, chamarrées d'or, & les ſayes
de deſſous de ſatin verd, auſſi chamarré d'or : des caſques
pendoient de grandes plumes d'autruche auec friſons,
& des botines de touffes de gaze, qui ſeruoient à l'em-
belliſſement de l'armure.

A meſure que ledit chariot s'auançoit, deſcendoient
du ciel deux groſſes nuees; ſçauoir vne à chaque coſté dudit chariot, dans leſquelles eſtoient la Victoire & la Re-
nômee, qui deſcendant de l'air apportoient des couronnes à Minerue, & apres ſe ioignoient à tous les autres
muſiciens pour chanter auec eux.

Au ſon deſdites muſiques Madame & ſa troupe deſcen-
dit dudit chariot, & s'eſtant approchee des degrez de ladite ſcene, les muſiques ceſſerent pour laiſſer ioüer aux
violons l'air du grand Ballet, ſur leſquels Madame deſ-
cendit, & danſa ledit grand Ballet ſur cinq airs differens,
& chacun diuerſifiez de differentes figures. Mais comme
ledit Ballet fut au ſixieſme air, alors tous les luts, les voix
& les violons le ioüerent enſemble; les voix chanterent
les vers qui ſuyuent, encores faits par ledit Durand.

FVyez, *Amans, loin de ces lieux :*
Minerue ne deſcend des Cieux
Que pour eſlongner de la Cour
Les autels ſacrez à l'Amour.

Tant de pleurs & tant de tourment
  Luy font cognoistre euidemment
  Qu'vn feu qu'vn aueugle conduit
  Brusle tousiours plus qu'il ne luit.
C'est pour cela que de ce lieu
  Elles veullent bannir ce Dieu,
  Comme vn ieune enfant sans raison
  Qui met le feu dans sa maison.
Mais quelque mal qu'il ait commis
  Cette Belle encore a permis
  Qu'il pourroit sortant de ces lieux
  Se retirer dedans ses yeux.
Des-ja ses feux y sont enclos,
  Et n'a que des aisles au dos
  Pour luy seruir à s'enuoller
  Des endroits qu'il souloit brusler.
Asseurez vous donc desormais,
  Si son traict vous blesse iamais,
  Qu'il faudra qu'il l'ait emprunté
  De ses yeux qui l'ont surmonté.

Et sembloit que tout le ciel fust ouuert pour faire des chants d'allaigresse en ceste action, qui se peut dire n'auoir point eu de compagne en somptuosité : car lors que ledit sixiesme air se chantoit, il y auoit quarante masques, richement parez sur la scene, trente dans le ciel, six suspendus en l'air, tout le milieu de la salle remply dudit Ballet de Dames : tout se voyoit d'vne veuë, & tout dansoit ou chantoit en vn temps.

Les habits de ces Dames estoient si chargez de pierreries, que les estrangers creurent qu'il n'y en auoit plus de reste en leur païs, ou que la France seule en auoit plus que tout le monde ensemble. Le fonds de l'habit estoit de satin blanc, brodé d'or & de perles, coupé à iour aux endroits ou pouuoit rester du satin : & tout estoit doublé d'vne toille d'argent encores brodee : Leurs Majestez n'ayans cherché d'autre espargne que du temps qui les pressoit : & desirans monstrer que la France voulant paroistre ne pouuoit estre imitee d'aucune autre nation.

F I N

www.ingramcontent.com/pod-product-compliance
Ingram Content Group UK Ltd.
Pitfield, Milton Keynes, MK11 3LW, UK
UKHW021712090726
13657UKWH00005B/2202